Date ______ Time ______ Location ______

Home Team ______ Coach ______

1st Half Fouls: ☐☐☐☐☐☐☐☐☐☐ Full Timeouts: ☐☐☐

2nd Half Fouls: ☐☐☐☐☐☐☐☐☐☐ 30 Sec. Timeouts: ☐☐

No.	Name	Fouls	1st	2nd	3rd	4th	OT	Tot
	Totals							

	1		38		75
	2		39		76
	3		40		77
	4		41		78
	5		42		79
	6		43		80
	7		44		81
	8		45		82
	9		46		83
	10		47		84
	11		48		85
	12		49		86
	13		50		87
	14		51		88
	15		52		89
	16		53		90
	17		54		91
	18		55		92
	19		56		93
	20		57		94
	21		58		95
	22		59		96
	23		60		97
	24		61		98
	25		62		99
	26		63		100
	27		64		101
	28		65		102
	29		66		103
	30		67		104
	31		68		105
	32		69		106
	33		70		107
	34		71		108
	35		72		109
	36		73		110
	37		74		111

Notes

Technicals

Referee ____________ Scorer ____________ Timekeeper ____________

Away Team ____________ Coach ____________

1st Half Fouls: | | | | | | | | | | |

Full Timeouts: | | | |

2nd Half Fouls: | | | | | | | | | | |

30 Sec. Timeouts: | | |

No.	Name	Fouls					1st	2nd	3rd	4th	OT	Tot
Totals												

	1		38		75
	2		39		76
	3		40		77
	4		41		78
	5		42		79
	6		43		80
	7		44		81
	8		45		82
	9		46		83
	10		47		84
	11		48		85
	12		49		86
	13		50		87
	14		51		88
	15		52		89
	16		53		90
	17		54		91
	18		55		92
	19		56		93
	20		57		94
	21		58		95
	22		59		96
	23		60		97
	24		61		98
	25		62		99
	26		63		100
	27		64		101
	28		65		102
	29		66		103
	30		67		104
	31		68		105
	32		69		106
	33		70		107
	34		71		108
	35		72		109
	36		73		110
	37		74		111

Notes

Technicals

Date ____________ Time ____________ Location ____________

Home Team ____________ Coach ____________

1st Half Fouls: | | | | | | | | | | |

2nd Half Fouls: | | | | | | | | | | |

Full Timeouts: | | | |

30 Sec. Timeouts: | | |

No.	Name	Fouls					1st	2nd	3rd	4th	OT	Tot
Totals												

	1		38		75
	2		39		76
	3		40		77
	4		41		78
	5		42		79
	6		43		80
	7		44		81
	8		45		82
	9		46		83
	10		47		84
	11		48		85
	12		49		86
	13		50		87
	14		51		88
	15		52		89
	16		53		90
	17		54		91
	18		55		92
	19		56		93
	20		57		94
	21		58		95
	22		59		96
	23		60		97
	24		61		98
	25		62		99
	26		63		100
	27		64		101
	28		65		102
	29		66		103
	30		67		104
	31		68		105
	32		69		106
	33		70		107
	34		71		108
	35		72		109
	36		73		110
	37		74		111

Notes

Technicals

Referee ________________ Scorer ________________ Timekeeper ________________

Away Team ________________ Coach ________________

1st Half Fouls:										
2nd Half Fouls:										

Full Timeouts:			
30 Sec. Timeouts:			

No.	Name	Fouls					1st	2nd	3rd	4th	OT	Tot
Totals												

	1		38		75
	2		39		76
	3		40		77
	4		41		78
	5		42		79
	6		43		80
	7		44		81
	8		45		82
	9		46		83
	10		47		84
	11		48		85
	12		49		86
	13		50		87
	14		51		88
	15		52		89
	16		53		90
	17		54		91
	18		55		92
	19		56		93
	20		57		94
	21		58		95
	22		59		96
	23		60		97
	24		61		98
	25		62		99
	26		63		100
	27		64		101
	28		65		102
	29		66		103
	30		67		104
	31		68		105
	32		69		106
	33		70		107
	34		71		108
	35		72		109
	36		73		110
	37		74		111

Notes

Technicals

Date ________ Time ________ Location ________

Home Team ________ Coach ________

1st Half Fouls: | | | | | | | | | | |

Full Timeouts: | | | |

2nd Half Fouls: | | | | | | | | | | |

30 Sec. Timeouts: | | |

No.	Name	Fouls					1st	2nd	3rd	4th	OT	Tot
	Totals											

	1		38		75
	2		39		76
	3		40		77
	4		41		78
	5		42		79
	6		43		80
	7		44		81
	8		45		82
	9		46		83
	10		47		84
	11		48		85
	12		49		86
	13		50		87
	14		51		88
	15		52		89
	16		53		90
	17		54		91
	18		55		92
	19		56		93
	20		57		94
	21		58		95
	22		59		96
	23		60		97
	24		61		98
	25		62		99
	26		63		100
	27		64		101
	28		65		102
	29		66		103
	30		67		104
	31		68		105
	32		69		106
	33		70		107
	34		71		108
	35		72		109
	36		73		110
	37		74		111

Notes

Technicals

Referee ____________ Scorer ____________ Timekeeper ____________

Away Team ____________ Coach ____________

1st Half Fouls: | | | | | | | | | | |

Full Timeouts: | | | |

2nd Half Fouls: | | | | | | | | | | |

30 Sec. Timeouts: | | |

No.	Name	Fouls					1st	2nd	3rd	4th	OT	Tot
Totals												

	1		38		75
	2		39		76
	3		40		77
	4		41		78
	5		42		79
	6		43		80
	7		44		81
	8		45		82
	9		46		83
	10		47		84
	11		48		85
	12		49		86
	13		50		87
	14		51		88
	15		52		89
	16		53		90
	17		54		91
	18		55		92
	19		56		93
	20		57		94
	21		58		95
	22		59		96
	23		60		97
	24		61		98
	25		62		99
	26		63		100
	27		64		101
	28		65		102
	29		66		103
	30		67		104
	31		68		105
	32		69		106
	33		70		107
	34		71		108
	35		72		109
	36		73		110
	37		74		111

Notes

Technicals

Date ______________ Time ______________ Location ______________

Home Team ______________ Coach ______________

1st Half Fouls: | | | | | | | | | | |

Full Timeouts: | | | |

2nd Half Fouls: | | | | | | | | | | |

30 Sec. Timeouts: | | |

No.	Name	Fouls					1st	2nd	3rd	4th	OT	Tot
	Totals											

	1		38		75
	2		39		76
	3		40		77
	4		41		78
	5		42		79
	6		43		80
	7		44		81
	8		45		82
	9		46		83
	10		47		84
	11		48		85
	12		49		86
	13		50		87
	14		51		88
	15		52		89
	16		53		90
	17		54		91
	18		55		92
	19		56		93
	20		57		94
	21		58		95
	22		59		96
	23		60		97
	24		61		98
	25		62		99
	26		63		100
	27		64		101
	28		65		102
	29		66		103
	30		67		104
	31		68		105
	32		69		106
	33		70		107
	34		71		108
	35		72		109
	36		73		110
	37		74		111

Notes

Technicals

Referee ______________ Scorer ______________ Timekeeper ______________

Away Team ______________ Coach ______________

1st Half Fouls: | | | | | | | | | | |

Full Timeouts: | | | |

2nd Half Fouls: | | | | | | | | | | |

30 Sec. Timeouts: | | |

No.	Name	Fouls					1st	2nd	3rd	4th	OT	Tot
Totals												

	1		38		75
	2		39		76
	3		40		77
	4		41		78
	5		42		79
	6		43		80
	7		44		81
	8		45		82
	9		46		83
	10		47		84
	11		48		85
	12		49		86
	13		50		87
	14		51		88
	15		52		89
	16		53		90
	17		54		91
	18		55		92
	19		56		93
	20		57		94
	21		58		95
	22		59		96
	23		60		97
	24		61		98
	25		62		99
	26		63		100
	27		64		101
	28		65		102
	29		66		103
	30		67		104
	31		68		105
	32		69		106
	33		70		107
	34		71		108
	35		72		109
	36		73		110
	37		74		111

Notes

Technicals

Date ____________ Time ____________ Location ____________________

Home Team ____________ Coach ____________

1st Half Fouls: | | | | | | | | | | |

Full Timeouts: | | | |

2nd Half Fouls: | | | | | | | | | | |

30 Sec. Timeouts: | | |

No.	Name	Fouls	1st	2nd	3rd	4th	OT	Tot
	Totals							

	1		38		75
	2		39		76
	3		40		77
	4		41		78
	5		42		79
	6		43		80
	7		44		81
	8		45		82
	9		46		83
	10		47		84
	11		48		85
	12		49		86
	13		50		87
	14		51		88
	15		52		89
	16		53		90
	17		54		91
	18		55		92
	19		56		93
	20		57		94
	21		58		95
	22		59		96
	23		60		97
	24		61		98
	25		62		99
	26		63		100
	27		64		101
	28		65		102
	29		66		103
	30		67		104
	31		68		105
	32		69		106
	33		70		107
	34		71		108
	35		72		109
	36		73		110
	37		74		111

Notes

Technicals

Referee ______ Scorer ______ Timekeeper ______

Away Team ______ Coach ______

1st Half Fouls: | | | | | | | | | | |

Full Timeouts: | | | |

2nd Half Fouls: | | | | | | | | | | |

30 Sec. Timeouts: | | |

No.	Name	Fouls					1st	2nd	3rd	4th	OT	Tot
Totals												

	1		38		75
	2		39		76
	3		40		77
	4		41		78
	5		42		79
	6		43		80
	7		44		81
	8		45		82
	9		46		83
	10		47		84
	11		48		85
	12		49		86
	13		50		87
	14		51		88
	15		52		89
	16		53		90
	17		54		91
	18		55		92
	19		56		93
	20		57		94
	21		58		95
	22		59		96
	23		60		97
	24		61		98
	25		62		99
	26		63		100
	27		64		101
	28		65		102
	29		66		103
	30		67		104
	31		68		105
	32		69		106
	33		70		107
	34		71		108
	35		72		109
	36		73		110
	37		74		111

Notes

Technicals

Date ________ Time ________ Location ________

Home Team ________ Coach ________

1st Half Fouls: | | | | | | | | | | |

Full Timeouts: | | | |

2nd Half Fouls: | | | | | | | | | | |

30 Sec. Timeouts: | | |

No.	Name	Fouls	1st	2nd	3rd	4th	OT	Tot
Totals								

	1		38		75
	2		39		76
	3		40		77
	4		41		78
	5		42		79
	6		43		80
	7		44		81
	8		45		82
	9		46		83
	10		47		84
	11		48		85
	12		49		86
	13		50		87
	14		51		88
	15		52		89
	16		53		90
	17		54		91
	18		55		92
	19		56		93
	20		57		94
	21		58		95
	22		59		96
	23		60		97
	24		61		98
	25		62		99
	26		63		100
	27		64		101
	28		65		102
	29		66		103
	30		67		104
	31		68		105
	32		69		106
	33		70		107
	34		71		108
	35		72		109
	36		73		110
	37		74		111

Notes

Technicals

Referee ______________ Scorer ______________ Timekeeper ______________

Away Team ______________ Coach ______________

1st Half Fouls: | | | | | | | | | | |

Full Timeouts: | | | |

2nd Half Fouls: | | | | | | | | | | |

30 Sec. Timeouts: | | |

No.	Name	Fouls	1st	2nd	3rd	4th	OT	Tot
Totals								

	1		38		75
	2		39		76
	3		40		77
	4		41		78
	5		42		79
	6		43		80
	7		44		81
	8		45		82
	9		46		83
	10		47		84
	11		48		85
	12		49		86
	13		50		87
	14		51		88
	15		52		89
	16		53		90
	17		54		91
	18		55		92
	19		56		93
	20		57		94
	21		58		95
	22		59		96
	23		60		97
	24		61		98
	25		62		99
	26		63		100
	27		64		101
	28		65		102
	29		66		103
	30		67		104
	31		68		105
	32		69		106
	33		70		107
	34		71		108
	35		72		109
	36		73		110
	37		74		111

Notes

Technicals

Date ______ Time ______ Location ______

Home Team ______ Coach ______

1st Half Fouls: | | | | | | | | | | |

2nd Half Fouls: | | | | | | | | | | |

Full Timeouts: | | | |

30 Sec. Timeouts: | | |

No.	Name	Fouls					1st	2nd	3rd	4th	OT	Tot
Totals												

	1		38		75
	2		39		76
	3		40		77
	4		41		78
	5		42		79
	6		43		80
	7		44		81
	8		45		82
	9		46		83
	10		47		84
	11		48		85
	12		49		86
	13		50		87
	14		51		88
	15		52		89
	16		53		90
	17		54		91
	18		55		92
	19		56		93
	20		57		94
	21		58		95
	22		59		96
	23		60		97
	24		61		98
	25		62		99
	26		63		100
	27		64		101
	28		65		102
	29		66		103
	30		67		104
	31		68		105
	32		69		106
	33		70		107
	34		71		108
	35		72		109
	36		73		110
	37		74		111

Notes

Technicals

Referee ______________ Scorer ______________ Timekeeper ______________

Away Team ______________ Coach ______________

1st Half Fouls: | | | | | | | | | | |

Full Timeouts: | | | |

2nd Half Fouls: | | | | | | | | | | |

30 Sec. Timeouts: | | |

No.	Name	Fouls	1st	2nd	3rd	4th	OT	Tot
Totals								

	1		38		75
	2		39		76
	3		40		77
	4		41		78
	5		42		79
	6		43		80
	7		44		81
	8		45		82
	9		46		83
	10		47		84
	11		48		85
	12		49		86
	13		50		87
	14		51		88
	15		52		89
	16		53		90
	17		54		91
	18		55		92
	19		56		93
	20		57		94
	21		58		95
	22		59		96
	23		60		97
	24		61		98
	25		62		99
	26		63		100
	27		64		101
	28		65		102
	29		66		103
	30		67		104
	31		68		105
	32		69		106
	33		70		107
	34		71		108
	35		72		109
	36		73		110
	37		74		111

Notes

Technicals

Date ______ Time ______ Location ______

Home Team ______ Coach ______

1st Half Fouls: | | | | | | | | | | |

2nd Half Fouls: | | | | | | | | | | |

Full Timeouts: | | | |

30 Sec. Timeouts: | | |

No.	Name	Fouls	1st	2nd	3rd	4th	OT	Tot
Totals								

Notes

	1		38		75
	2		39		76
	3		40		77
	4		41		78
	5		42		79
	6		43		80
	7		44		81
	8		45		82
	9		46		83
	10		47		84
	11		48		85
	12		49		86
	13		50		87
	14		51		88
	15		52		89
	16		53		90
	17		54		91
	18		55		92
	19		56		93
	20		57		94
	21		58		95
	22		59		96
	23		60		97
	24		61		98
	25		62		99
	26		63		100
	27		64		101
	28		65		102
	29		66		103
	30		67		104
	31		68		105
	32		69		106
	33		70		107
	34		71		108
	35		72		109
	36		73		110
	37		74		111

Technicals

Referee		Scorer		Timekeeper	

Away Team Coach

1st Half Fouls:											Full Timeouts:			
2nd Half Fouls:											30 Sec. Timeouts:			

No.	Name	Fouls					1st	2nd	3rd	4th	OT	Tot
	Totals											

	1		38		75
	2		39		76
	3		40		77
	4		41		78
	5		42		79
	6		43		80
	7		44		81
	8		45		82
	9		46		83
	10		47		84
	11		48		85
	12		49		86
	13		50		87
	14		51		88
	15		52		89
	16		53		90
	17		54		91
	18		55		92
	19		56		93
	20		57		94
	21		58		95
	22		59		96
	23		60		97
	24		61		98
	25		62		99
	26		63		100
	27		64		101
	28		65		102
	29		66		103
	30		67		104
	31		68		105
	32		69		106
	33		70		107
	34		71		108
	35		72		109
	36		73		110
	37		74		111

Notes

Technicals

Date ____________ Time ________________ Location ______________________________

Home Team ________________ Coach ________________

1st Half Fouls: | | | | | | | | | | |

Full Timeouts: | | | |

2nd Half Fouls: | | | | | | | | | | |

30 Sec. Timeouts: | | |

No.	Name	Fouls	1st	2nd	3rd	4th	OT	Tot
Totals								

	1		38		75
	2		39		76
	3		40		77
	4		41		78
	5		42		79
	6		43		80
	7		44		81
	8		45		82
	9		46		83
	10		47		84
	11		48		85
	12		49		86
	13		50		87
	14		51		88
	15		52		89
	16		53		90
	17		54		91
	18		55		92
	19		56		93
	20		57		94
	21		58		95
	22		59		96
	23		60		97
	24		61		98
	25		62		99
	26		63		100
	27		64		101
	28		65		102
	29		66		103
	30		67		104
	31		68		105
	32		69		106
	33		70		107
	34		71		108
	35		72		109
	36		73		110
	37		74		111

Notes

Technicals

Referee ______ Scorer ______ Timekeeper ______

Away Team ______ Coach ______

1st Half Fouls: | | | | | | | | | | |

Full Timeouts: | | | |

2nd Half Fouls: | | | | | | | | | | |

30 Sec. Timeouts: | | |

No.	Name	Fouls					1st	2nd	3rd	4th	OT	Tot
Totals												

	1		38		75
	2		39		76
	3		40		77
	4		41		78
	5		42		79
	6		43		80
	7		44		81
	8		45		82
	9		46		83
	10		47		84
	11		48		85
	12		49		86
	13		50		87
	14		51		88
	15		52		89
	16		53		90
	17		54		91
	18		55		92
	19		56		93
	20		57		94
	21		58		95
	22		59		96
	23		60		97
	24		61		98
	25		62		99
	26		63		100
	27		64		101
	28		65		102
	29		66		103
	30		67		104
	31		68		105
	32		69		106
	33		70		107
	34		71		108
	35		72		109
	36		73		110
	37		74		111

Notes

Technicals

Date ______________ Time ____________________ Location ____

Home Team ______________________ Coach ______________________

1st Half Fouls: | | | | | | | | | | | Full Timeouts: | | | |

2nd Half Fouls: | | | | | | | | | | | 30 Sec. Timeouts: | | |

No.	Name	Fouls					1st	2nd	3rd	4th	OT	Tot
Totals												

Notes

	1		38		75
	2		39		76
	3		40		77
	4		41		78
	5		42		79
	6		43		80
	7		44		81
	8		45		82
	9		46		83
	10		47		84
	11		48		85
	12		49		86
	13		50		87
	14		51		88
	15		52		89
	16		53		90
	17		54		91
	18		55		92
	19		56		93
	20		57		94
	21		58		95
	22		59		96
	23		60		97
	24		61		98
	25		62		99
	26		63		100
	27		64		101
	28		65		102
	29		66		103
	30		67		104
	31		68		105
	32		69		106
	33		70		107
	34		71		108
	35		72		109
	36		73		110
	37		74		111

Technicals

Referee ______ Scorer ______ Timekeeper ______

Away Team ______ Coach ______

1st Half Fouls: | | | | | | | | | | |

Full Timeouts: | | | |

2nd Half Fouls: | | | | | | | | | | |

30 Sec. Timeouts: | | |

No.	Name	Fouls					1st	2nd	3rd	4th	OT	Tot
	Totals											

	1		38		75
	2		39		76
	3		40		77
	4		41		78
	5		42		79
	6		43		80
	7		44		81
	8		45		82
	9		46		83
	10		47		84
	11		48		85
	12		49		86
	13		50		87
	14		51		88
	15		52		89
	16		53		90
	17		54		91
	18		55		92
	19		56		93
	20		57		94
	21		58		95
	22		59		96
	23		60		97
	24		61		98
	25		62		99
	26		63		100
	27		64		101
	28		65		102
	29		66		103
	30		67		104
	31		68		105
	32		69		106
	33		70		107
	34		71		108
	35		72		109
	36		73		110
	37		74		111

Notes

Technicals

Date ____________ Time ____________ Location ____________

Home Team ____________ Coach ____________

1st Half Fouls: | | | | | | | | | | |

Full Timeouts: | | | |

2nd Half Fouls: | | | | | | | | | | |

30 Sec. Timeouts: | | |

No.	Name	Fouls	1st	2nd	3rd	4th	OT	Tot
Totals								

Notes

	1		38		75
	2		39		76
	3		40		77
	4		41		78
	5		42		79
	6		43		80
	7		44		81
	8		45		82
	9		46		83
	10		47		84
	11		48		85
	12		49		86
	13		50		87
	14		51		88
	15		52		89
	16		53		90
	17		54		91
	18		55		92
	19		56		93
	20		57		94
	21		58		95
	22		59		96
	23		60		97
	24		61		98
	25		62		99
	26		63		100
	27		64		101
	28		65		102
	29		66		103
	30		67		104
	31		68		105
	32		69		106
	33		70		107
	34		71		108
	35		72		109
	36		73		110
	37		74		111

Technicals

Referee ____________ Scorer ____________ Timekeeper ____________

Away Team ____________ Coach ____________

1st Half Fouls: | | | | | | | | | | |

Full Timeouts: | | | |

2nd Half Fouls: | | | | | | | | | | |

30 Sec. Timeouts: | | |

No.	Name	Fouls					1st	2nd	3rd	4th	OT	Tot
Totals												

	1		38		75
	2		39		76
	3		40		77
	4		41		78
	5		42		79
	6		43		80
	7		44		81
	8		45		82
	9		46		83
	10		47		84
	11		48		85
	12		49		86
	13		50		87
	14		51		88
	15		52		89
	16		53		90
	17		54		91
	18		55		92
	19		56		93
	20		57		94
	21		58		95
	22		59		96
	23		60		97
	24		61		98
	25		62		99
	26		63		100
	27		64		101
	28		65		102
	29		66		103
	30		67		104
	31		68		105
	32		69		106
	33		70		107
	34		71		108
	35		72		109
	36		73		110
	37		74		111

Notes

Technicals

Date ____________ Time ____________ Location ____________

Home Team ____________ Coach ____________

1st Half Fouls: | | | | | | | | | | |

Full Timeouts: | | | |

2nd Half Fouls: | | | | | | | | | | |

30 Sec. Timeouts: | | |

No.	Name	Fouls					1st	2nd	3rd	4th	OT	Tot
Totals												

	1		38		75
	2		39		76
	3		40		77
	4		41		78
	5		42		79
	6		43		80
	7		44		81
	8		45		82
	9		46		83
	10		47		84
	11		48		85
	12		49		86
	13		50		87
	14		51		88
	15		52		89
	16		53		90
	17		54		91
	18		55		92
	19		56		93
	20		57		94
	21		58		95
	22		59		96
	23		60		97
	24		61		98
	25		62		99
	26		63		100
	27		64		101
	28		65		102
	29		66		103
	30		67		104
	31		68		105
	32		69		106
	33		70		107
	34		71		108
	35		72		109
	36		73		110
	37		74		111

Notes

Technicals

Referee ____________ Scorer ____________ Timekeeper ____________

Away Team ____________ Coach ____________

1st Half Fouls: | | | | | | | | | |

2nd Half Fouls: | | | | | | | | | |

Full Timeouts: | | |

30 Sec. Timeouts: | |

No.	Name	Fouls					1st	2nd	3rd	4th	OT	Tot
Totals												

	1		38		75
	2		39		76
	3		40		77
	4		41		78
	5		42		79
	6		43		80
	7		44		81
	8		45		82
	9		46		83
	10		47		84
	11		48		85
	12		49		86
	13		50		87
	14		51		88
	15		52		89
	16		53		90
	17		54		91
	18		55		92
	19		56		93
	20		57		94
	21		58		95
	22		59		96
	23		60		97
	24		61		98
	25		62		99
	26		63		100
	27		64		101
	28		65		102
	29		66		103
	30		67		104
	31		68		105
	32		69		106
	33		70		107
	34		71		108
	35		72		109
	36		73		110
	37		74		111

Notes

Technicals

Date ____________ Time ____________ Location ____________

Home Team ____________ Coach ____________

1st Half Fouls: | | | | | | | | | | |

Full Timeouts: | | | |

2nd Half Fouls: | | | | | | | | | | |

30 Sec. Timeouts: | | |

No.	Name	Fouls					1st	2nd	3rd	4th	OT	Tot
Totals												

	1		38		75
	2		39		76
	3		40		77
	4		41		78
	5		42		79
	6		43		80
	7		44		81
	8		45		82
	9		46		83
	10		47		84
	11		48		85
	12		49		86
	13		50		87
	14		51		88
	15		52		89
	16		53		90
	17		54		91
	18		55		92
	19		56		93
	20		57		94
	21		58		95
	22		59		96
	23		60		97
	24		61		98
	25		62		99
	26		63		100
	27		64		101
	28		65		102
	29		66		103
	30		67		104
	31		68		105
	32		69		106
	33		70		107
	34		71		108
	35		72		109
	36		73		110
	37		74		111

Notes

Technicals

Referee ____________ Scorer ____________ Timekeeper ____________

Away Team ____________ Coach ____________

1st Half Fouls: | | | | | | | | | | | Full Timeouts: | | | |

2nd Half Fouls: | | | | | | | | | | | 30 Sec. Timeouts: | | |

No.	Name	Fouls					1st	2nd	3rd	4th	OT	Tot
Totals												

	1		38		75
	2		39		76
	3		40		77
	4		41		78
	5		42		79
	6		43		80
	7		44		81
	8		45		82
	9		46		83
	10		47		84
	11		48		85
	12		49		86
	13		50		87
	14		51		88
	15		52		89
	16		53		90
	17		54		91
	18		55		92
	19		56		93
	20		57		94
	21		58		95
	22		59		96
	23		60		97
	24		61		98
	25		62		99
	26		63		100
	27		64		101
	28		65		102
	29		66		103
	30		67		104
	31		68		105
	32		69		106
	33		70		107
	34		71		108
	35		72		109
	36		73		110
	37		74		111

Notes

Technicals

Date ____________ Time ____________ Location ____________

Home Team ____________ Coach ____________

1st Half Fouls: | | | | | | | | | | |

2nd Half Fouls: | | | | | | | | | | |

Full Timeouts: | | | |

30 Sec. Timeouts: | | |

No.	Name	Fouls	1st	2nd	3rd	4th	OT	Tot
Totals								

	1		38		75
	2		39		76
	3		40		77
	4		41		78
	5		42		79
	6		43		80
	7		44		81
	8		45		82
	9		46		83
	10		47		84
	11		48		85
	12		49		86
	13		50		87
	14		51		88
	15		52		89
	16		53		90
	17		54		91
	18		55		92
	19		56		93
	20		57		94
	21		58		95
	22		59		96
	23		60		97
	24		61		98
	25		62		99
	26		63		100
	27		64		101
	28		65		102
	29		66		103
	30		67		104
	31		68		105
	32		69		106
	33		70		107
	34		71		108
	35		72		109
	36		73		110
	37		74		111

Notes

Technicals

Referee	Scorer	Timekeeper

Away Team Coach

1st Half Fouls:											Full Timeouts:			
2nd Half Fouls:											30 Sec. Timeouts:			

No.	Name	Fouls					1st	2nd	3rd	4th	OT	Tot
Totals												

	1		38		75
	2		39		76
	3		40		77
	4		41		78
	5		42		79
	6		43		80
	7		44		81
	8		45		82
	9		46		83
	10		47		84
	11		48		85
	12		49		86
	13		50		87
	14		51		88
	15		52		89
	16		53		90
	17		54		91
	18		55		92
	19		56		93
	20		57		94
	21		58		95
	22		59		96
	23		60		97
	24		61		98
	25		62		99
	26		63		100
	27		64		101
	28		65		102
	29		66		103
	30		67		104
	31		68		105
	32		69		106
	33		70		107
	34		71		108
	35		72		109
	36		73		110
	37		74		111

Notes

Technicals

Date ____________ Time ________________ Location ________________________________

Home Team ____________________ Coach ____________________

1st Half Fouls: | | | | | | | | | | |

Full Timeouts: | | | |

2nd Half Fouls: | | | | | | | | | | |

30 Sec. Timeouts: | | |

No.	Name	Fouls	1st	2nd	3rd	4th	OT	Tot
	Totals							

	1		38		75
	2		39		76
	3		40		77
	4		41		78
	5		42		79
	6		43		80
	7		44		81
	8		45		82
	9		46		83
	10		47		84
	11		48		85
	12		49		86
	13		50		87
	14		51		88
	15		52		89
	16		53		90
	17		54		91
	18		55		92
	19		56		93
	20		57		94
	21		58		95
	22		59		96
	23		60		97
	24		61		98
	25		62		99
	26		63		100
	27		64		101
	28		65		102
	29		66		103
	30		67		104
	31		68		105
	32		69		106
	33		70		107
	34		71		108
	35		72		109
	36		73		110
	37		74		111

Notes

Technicals

Referee ____________ Scorer ____________ Timekeeper ____________

Away Team ____________ Coach ____________

1st Half Fouls: | | | | | | | | | | |

Full Timeouts: | | | |

2nd Half Fouls: | | | | | | | | | | |

30 Sec. Timeouts: | | |

No.	Name	Fouls					1st	2nd	3rd	4th	OT	Tot
	Totals											

	1		38		75
	2		39		76
	3		40		77
	4		41		78
	5		42		79
	6		43		80
	7		44		81
	8		45		82
	9		46		83
	10		47		84
	11		48		85
	12		49		86
	13		50		87
	14		51		88
	15		52		89
	16		53		90
	17		54		91
	18		55		92
	19		56		93
	20		57		94
	21		58		95
	22		59		96
	23		60		97
	24		61		98
	25		62		99
	26		63		100
	27		64		101
	28		65		102
	29		66		103
	30		67		104
	31		68		105
	32		69		106
	33		70		107
	34		71		108
	35		72		109
	36		73		110
	37		74		111

Notes

Technicals

Date ______ Time ______ Location ______

Home Team ______ Coach ______

1st Half Fouls: | | | | | | | | | | |

2nd Half Fouls: | | | | | | | | | | |

Full Timeouts: | | | |

30 Sec. Timeouts: | | |

No.	Name	Fouls					1st	2nd	3rd	4th	OT	Tot
Totals												

	1		38		75
	2		39		76
	3		40		77
	4		41		78
	5		42		79
	6		43		80
	7		44		81
	8		45		82
	9		46		83
	10		47		84
	11		48		85
	12		49		86
	13		50		87
	14		51		88
	15		52		89
	16		53		90
	17		54		91
	18		55		92
	19		56		93
	20		57		94
	21		58		95
	22		59		96
	23		60		97
	24		61		98
	25		62		99
	26		63		100
	27		64		101
	28		65		102
	29		66		103
	30		67		104
	31		68		105
	32		69		106
	33		70		107
	34		71		108
	35		72		109
	36		73		110
	37		74		111

Notes

Technicals

Referee ______________ Scorer ______________ Timekeeper ______________

Away Team ______________ Coach ______________

1st Half Fouls: | | | | | | | | | | |

2nd Half Fouls: | | | | | | | | | | |

Full Timeouts: | | | |

30 Sec. Timeouts: | | |

No.	Name	Fouls					1st	2nd	3rd	4th	OT	Tot
Totals												

	1		38		75
	2		39		76
	3		40		77
	4		41		78
	5		42		79
	6		43		80
	7		44		81
	8		45		82
	9		46		83
	10		47		84
	11		48		85
	12		49		86
	13		50		87
	14		51		88
	15		52		89
	16		53		90
	17		54		91
	18		55		92
	19		56		93
	20		57		94
	21		58		95
	22		59		96
	23		60		97
	24		61		98
	25		62		99
	26		63		100
	27		64		101
	28		65		102
	29		66		103
	30		67		104
	31		68		105
	32		69		106
	33		70		107
	34		71		108
	35		72		109
	36		73		110
	37		74		111

Notes

Technicals

Date ______ Time ______ Location ______

Home Team ______ Coach ______

1st Half Fouls: | | | | | | | | | | |

Full Timeouts: | | | |

2nd Half Fouls: | | | | | | | | | | |

30 Sec. Timeouts: | | |

No.	Name	Fouls	1st	2nd	3rd	4th	OT	Tot
Totals								

	1		38		75
	2		39		76
	3		40		77
	4		41		78
	5		42		79
	6		43		80
	7		44		81
	8		45		82
	9		46		83
	10		47		84
	11		48		85
	12		49		86
	13		50		87
	14		51		88
	15		52		89
	16		53		90
	17		54		91
	18		55		92
	19		56		93
	20		57		94
	21		58		95
	22		59		96
	23		60		97
	24		61		98
	25		62		99
	26		63		100
	27		64		101
	28		65		102
	29		66		103
	30		67		104
	31		68		105
	32		69		106
	33		70		107
	34		71		108
	35		72		109
	36		73		110
	37		74		111

Notes

Technicals

Referee ____________ Scorer ____________ Timekeeper ____________

Away Team ____________ Coach ____________

1st Half Fouls: | | | | | | | | | | |

Full Timeouts: | | | |

2nd Half Fouls: | | | | | | | | | | |

30 Sec. Timeouts: | | |

No.	Name	Fouls	1st	2nd	3rd	4th	OT	Tot
	Totals							

	1		38		75
	2		39		76
	3		40		77
	4		41		78
	5		42		79
	6		43		80
	7		44		81
	8		45		82
	9		46		83
	10		47		84
	11		48		85
	12		49		86
	13		50		87
	14		51		88
	15		52		89
	16		53		90
	17		54		91
	18		55		92
	19		56		93
	20		57		94
	21		58		95
	22		59		96
	23		60		97
	24		61		98
	25		62		99
	26		63		100
	27		64		101
	28		65		102
	29		66		103
	30		67		104
	31		68		105
	32		69		106
	33		70		107
	34		71		108
	35		72		109
	36		73		110
	37		74		111

Notes

Technicals

Date ______ Time ______ Location ______

Home Team ______ Coach ______

1st Half Fouls: | | | | | | | | | | |

2nd Half Fouls: | | | | | | | | | | |

Full Timeouts: | | | |

30 Sec. Timeouts: | | |

No.	Name	Fouls					1st	2nd	3rd	4th	OT	Tot
Totals												

	1		38		75
	2		39		76
	3		40		77
	4		41		78
	5		42		79
	6		43		80
	7		44		81
	8		45		82
	9		46		83
	10		47		84
	11		48		85
	12		49		86
	13		50		87
	14		51		88
	15		52		89
	16		53		90
	17		54		91
	18		55		92
	19		56		93
	20		57		94
	21		58		95
	22		59		96
	23		60		97
	24		61		98
	25		62		99
	26		63		100
	27		64		101
	28		65		102
	29		66		103
	30		67		104
	31		68		105
	32		69		106
	33		70		107
	34		71		108
	35		72		109
	36		73		110
	37		74		111

Notes

Technicals

Referee ______ Scorer ______ Timekeeper ______

Away Team ______ Coach ______

1st Half Fouls: | | | | | | | | | |

Full Timeouts: | | |

2nd Half Fouls: | | | | | | | | | |

30 Sec. Timeouts: | | |

No.	Name	Fouls					1st	2nd	3rd	4th	OT	Tot
	Totals											

	1		38		75
	2		39		76
	3		40		77
	4		41		78
	5		42		79
	6		43		80
	7		44		81
	8		45		82
	9		46		83
	10		47		84
	11		48		85
	12		49		86
	13		50		87
	14		51		88
	15		52		89
	16		53		90
	17		54		91
	18		55		92
	19		56		93
	20		57		94
	21		58		95
	22		59		96
	23		60		97
	24		61		98
	25		62		99
	26		63		100
	27		64		101
	28		65		102
	29		66		103
	30		67		104
	31		68		105
	32		69		106
	33		70		107
	34		71		108
	35		72		109
	36		73		110
	37		74		111

Notes

Technicals

Date ______ Time ______ Location ______

Home Team ______ Coach ______

1st Half Fouls: | | | | | | | | | | |

2nd Half Fouls: | | | | | | | | | | |

Full Timeouts: | | | |

30 Sec. Timeouts: | | |

No.	Name	Fouls					1st	2nd	3rd	4th	OT	Tot
Totals												

	1		38		75
	2		39		76
	3		40		77
	4		41		78
	5		42		79
	6		43		80
	7		44		81
	8		45		82
	9		46		83
	10		47		84
	11		48		85
	12		49		86
	13		50		87
	14		51		88
	15		52		89
	16		53		90
	17		54		91
	18		55		92
	19		56		93
	20		57		94
	21		58		95
	22		59		96
	23		60		97
	24		61		98
	25		62		99
	26		63		100
	27		64		101
	28		65		102
	29		66		103
	30		67		104
	31		68		105
	32		69		106
	33		70		107
	34		71		108
	35		72		109
	36		73		110
	37		74		111

Notes

Technicals

Referee ____________ Scorer ____________ Timekeeper ____________

Away Team ____________ Coach ____________

1st Half Fouls: | | | | | | | | | | |

Full Timeouts: | | | |

2nd Half Fouls: | | | | | | | | | | |

30 Sec. Timeouts: | | |

No.	Name	Fouls					1st	2nd	3rd	4th	OT	Tot
Totals												

	1		38		75
	2		39		76
	3		40		77
	4		41		78
	5		42		79
	6		43		80
	7		44		81
	8		45		82
	9		46		83
	10		47		84
	11		48		85
	12		49		86
	13		50		87
	14		51		88
	15		52		89
	16		53		90
	17		54		91
	18		55		92
	19		56		93
	20		57		94
	21		58		95
	22		59		96
	23		60		97
	24		61		98
	25		62		99
	26		63		100
	27		64		101
	28		65		102
	29		66		103
	30		67		104
	31		68		105
	32		69		106
	33		70		107
	34		71		108
	35		72		109
	36		73		110
	37		74		111

Notes

Technicals

Date ______ Time ______ Location ______

Home Team ______ Coach ______

1st Half Fouls: | | | | | | | | | | |

Full Timeouts: | | | |

2nd Half Fouls: | | | | | | | | | | |

30 Sec. Timeouts: | | |

No.	Name	Fouls	1st	2nd	3rd	4th	OT	Tot
Totals								

	1		38		75
	2		39		76
	3		40		77
	4		41		78
	5		42		79
	6		43		80
	7		44		81
	8		45		82
	9		46		83
	10		47		84
	11		48		85
	12		49		86
	13		50		87
	14		51		88
	15		52		89
	16		53		90
	17		54		91
	18		55		92
	19		56		93
	20		57		94
	21		58		95
	22		59		96
	23		60		97
	24		61		98
	25		62		99
	26		63		100
	27		64		101
	28		65		102
	29		66		103
	30		67		104
	31		68		105
	32		69		106
	33		70		107
	34		71		108
	35		72		109
	36		73		110
	37		74		111

Notes

Technicals

Referee ____________ Scorer ____________ Timekeeper ____________

Away Team ____________ Coach ____________

1st Half Fouls: ☐☐☐☐☐☐☐☐☐☐ Full Timeouts: ☐☐☐

2nd Half Fouls: ☐☐☐☐☐☐☐☐☐☐ 30 Sec. Timeouts: ☐☐

No.	Name	Fouls					1st	2nd	3rd	4th	OT	Tot
Totals												

	1		38		75
	2		39		76
	3		40		77
	4		41		78
	5		42		79
	6		43		80
	7		44		81
	8		45		82
	9		46		83
	10		47		84
	11		48		85
	12		49		86
	13		50		87
	14		51		88
	15		52		89
	16		53		90
	17		54		91
	18		55		92
	19		56		93
	20		57		94
	21		58		95
	22		59		96
	23		60		97
	24		61		98
	25		62		99
	26		63		100
	27		64		101
	28		65		102
	29		66		103
	30		67		104
	31		68		105
	32		69		106
	33		70		107
	34		71		108
	35		72		109
	36		73		110
	37		74		111

Notes

Technicals

Date ____________ Time ____________ Location ____________

Home Team ____________ Coach ____________

1st Half Fouls: | | | | | | | | | | Full Timeouts: | | |

2nd Half Fouls: | | | | | | | | | | 30 Sec. Timeouts: | |

No.	Name	Fouls	1st	2nd	3rd	4th	OT	Tot
Totals								

	1		38		75
	2		39		76
	3		40		77
	4		41		78
	5		42		79
	6		43		80
	7		44		81
	8		45		82
	9		46		83
	10		47		84
	11		48		85
	12		49		86
	13		50		87
	14		51		88
	15		52		89
	16		53		90
	17		54		91
	18		55		92
	19		56		93
	20		57		94
	21		58		95
	22		59		96
	23		60		97
	24		61		98
	25		62		99
	26		63		100
	27		64		101
	28		65		102
	29		66		103
	30		67		104
	31		68		105
	32		69		106
	33		70		107
	34		71		108
	35		72		109
	36		73		110
	37		74		111

Notes

Technicals

Referee ______ Scorer ______ Timekeeper ______

Away Team ______ Coach ______

1st Half Fouls: | | | | | | | | | | |

2nd Half Fouls: | | | | | | | | | | |

Full Timeouts: | | | |

30 Sec. Timeouts: | | |

No.	Name	Fouls					1st	2nd	3rd	4th	OT	Tot
	Totals											

	1		38		75
	2		39		76
	3		40		77
	4		41		78
	5		42		79
	6		43		80
	7		44		81
	8		45		82
	9		46		83
	10		47		84
	11		48		85
	12		49		86
	13		50		87
	14		51		88
	15		52		89
	16		53		90
	17		54		91
	18		55		92
	19		56		93
	20		57		94
	21		58		95
	22		59		96
	23		60		97
	24		61		98
	25		62		99
	26		63		100
	27		64		101
	28		65		102
	29		66		103
	30		67		104
	31		68		105
	32		69		106
	33		70		107
	34		71		108
	35		72		109
	36		73		110
	37		74		111

Notes

Technicals

Date ____________ Time ____________ Location ____________

Home Team ____________ Coach ____________

1st Half Fouls: | | | | | | | | | |

2nd Half Fouls: | | | | | | | | | |

Full Timeouts: | | |

30 Sec. Timeouts: | |

No.	Name	Fouls					1st	2nd	3rd	4th	OT	Tot
	Totals											

	1		38		75
	2		39		76
	3		40		77
	4		41		78
	5		42		79
	6		43		80
	7		44		81
	8		45		82
	9		46		83
	10		47		84
	11		48		85
	12		49		86
	13		50		87
	14		51		88
	15		52		89
	16		53		90
	17		54		91
	18		55		92
	19		56		93
	20		57		94
	21		58		95
	22		59		96
	23		60		97
	24		61		98
	25		62		99
	26		63		100
	27		64		101
	28		65		102
	29		66		103
	30		67		104
	31		68		105
	32		69		106
	33		70		107
	34		71		108
	35		72		109
	36		73		110
	37		74		111

Notes

Technicals

Referee ______ Scorer ______ Timekeeper ______

Away Team ______ Coach ______

1st Half Fouls: | | | | | | | | | | |

Full Timeouts: | | | |

2nd Half Fouls: | | | | | | | | | | |

30 Sec. Timeouts: | | |

No.	Name	Fouls	1st	2nd	3rd	4th	OT	Tot
	Totals							

	1		38		75
	2		39		76
	3		40		77
	4		41		78
	5		42		79
	6		43		80
	7		44		81
	8		45		82
	9		46		83
	10		47		84
	11		48		85
	12		49		86
	13		50		87
	14		51		88
	15		52		89
	16		53		90
	17		54		91
	18		55		92
	19		56		93
	20		57		94
	21		58		95
	22		59		96
	23		60		97
	24		61		98
	25		62		99
	26		63		100
	27		64		101
	28		65		102
	29		66		103
	30		67		104
	31		68		105
	32		69		106
	33		70		107
	34		71		108
	35		72		109
	36		73		110
	37		74		111

Notes

Technicals

Date ____________ Time ____________ Location ____________

Home Team ____________ Coach ____________

1st Half Fouls: | | | | | | | | | | |

2nd Half Fouls: | | | | | | | | | | |

Full Timeouts: | | | |

30 Sec. Timeouts: | | |

No.	Name	Fouls	1st	2nd	3rd	4th	OT	Tot
Totals								

	1		38		75
	2		39		76
	3		40		77
	4		41		78
	5		42		79
	6		43		80
	7		44		81
	8		45		82
	9		46		83
	10		47		84
	11		48		85
	12		49		86
	13		50		87
	14		51		88
	15		52		89
	16		53		90
	17		54		91
	18		55		92
	19		56		93
	20		57		94
	21		58		95
	22		59		96
	23		60		97
	24		61		98
	25		62		99
	26		63		100
	27		64		101
	28		65		102
	29		66		103
	30		67		104
	31		68		105
	32		69		106
	33		70		107
	34		71		108
	35		72		109
	36		73		110
	37		74		111

Notes

Technicals

Referee ______ Scorer ______ Timekeeper ______

Away Team ______ Coach ______

1st Half Fouls: | | | | | | | | | | |

Full Timeouts: | | | |

2nd Half Fouls: | | | | | | | | | | |

30 Sec. Timeouts: | | |

No.	Name	Fouls					1st	2nd	3rd	4th	OT	Tot
Totals												

	1		38		75
	2		39		76
	3		40		77
	4		41		78
	5		42		79
	6		43		80
	7		44		81
	8		45		82
	9		46		83
	10		47		84
	11		48		85
	12		49		86
	13		50		87
	14		51		88
	15		52		89
	16		53		90
	17		54		91
	18		55		92
	19		56		93
	20		57		94
	21		58		95
	22		59		96
	23		60		97
	24		61		98
	25		62		99
	26		63		100
	27		64		101
	28		65		102
	29		66		103
	30		67		104
	31		68		105
	32		69		106
	33		70		107
	34		71		108
	35		72		109
	36		73		110
	37		74		111

Notes

Technicals

Date ____________ Time ________________ Location ____________________________________

Home Team ____________________ Coach ____________________

1st Half Fouls: | | | | | | | | | | |

2nd Half Fouls: | | | | | | | | | | |

Full Timeouts: | | | |

30 Sec. Timeouts: | | |

No.	Name	Fouls					1st	2nd	3rd	4th	OT	Tot
Totals												

	1		38		75
	2		39		76
	3		40		77
	4		41		78
	5		42		79
	6		43		80
	7		44		81
	8		45		82
	9		46		83
	10		47		84
	11		48		85
	12		49		86
	13		50		87
	14		51		88
	15		52		89
	16		53		90
	17		54		91
	18		55		92
	19		56		93
	20		57		94
	21		58		95
	22		59		96
	23		60		97
	24		61		98
	25		62		99
	26		63		100
	27		64		101
	28		65		102
	29		66		103
	30		67		104
	31		68		105
	32		69		106
	33		70		107
	34		71		108
	35		72		109
	36		73		110
	37		74		111

Notes

Technicals

Referee ____________ Scorer ____________ Timekeeper ____________

Away Team ____________ Coach ____________

1st Half Fouls:										
2nd Half Fouls:										

Full Timeouts:			
30 Sec. Timeouts:			

No.	Name	Fouls					1st	2nd	3rd	4th	OT	Tot
	Totals											

	1		38		75
	2		39		76
	3		40		77
	4		41		78
	5		42		79
	6		43		80
	7		44		81
	8		45		82
	9		46		83
	10		47		84
	11		48		85
	12		49		86
	13		50		87
	14		51		88
	15		52		89
	16		53		90
	17		54		91
	18		55		92
	19		56		93
	20		57		94
	21		58		95
	22		59		96
	23		60		97
	24		61		98
	25		62		99
	26		63		100
	27		64		101
	28		65		102
	29		66		103
	30		67		104
	31		68		105
	32		69		106
	33		70		107
	34		71		108
	35		72		109
	36		73		110
	37		74		111

Notes

Technicals

Date ________	Time ________	Location ________

Home Team ________ Coach ________

1st Half Fouls:											Full Timeouts:			
2nd Half Fouls:											30 Sec. Timeouts:			

No.	Name	Fouls					1st	2nd	3rd	4th	OT	Tot
Totals												

	1		38		75
	2		39		76
	3		40		77
	4		41		78
	5		42		79
	6		43		80
	7		44		81
	8		45		82
	9		46		83
	10		47		84
	11		48		85
	12		49		86
	13		50		87
	14		51		88
	15		52		89
	16		53		90
	17		54		91
	18		55		92
	19		56		93
	20		57		94
	21		58		95
	22		59		96
	23		60		97
	24		61		98
	25		62		99
	26		63		100
	27		64		101
	28		65		102
	29		66		103
	30		67		104
	31		68		105
	32		69		106
	33		70		107
	34		71		108
	35		72		109
	36		73		110
	37		74		111

Notes

Technicals

Referee ______ Scorer ______ Timekeeper ______

Away Team ______ Coach ______

1st Half Fouls: ☐☐☐☐☐☐☐☐☐☐ Full Timeouts: ☐☐☐

2nd Half Fouls: ☐☐☐☐☐☐☐☐☐☐ 30 Sec. Timeouts: ☐☐

No.	Name	Fouls					1st	2nd	3rd	4th	OT	Tot
Totals												

	1		38		75
	2		39		76
	3		40		77
	4		41		78
	5		42		79
	6		43		80
	7		44		81
	8		45		82
	9		46		83
	10		47		84
	11		48		85
	12		49		86
	13		50		87
	14		51		88
	15		52		89
	16		53		90
	17		54		91
	18		55		92
	19		56		93
	20		57		94
	21		58		95
	22		59		96
	23		60		97
	24		61		98
	25		62		99
	26		63		100
	27		64		101
	28		65		102
	29		66		103
	30		67		104
	31		68		105
	32		69		106
	33		70		107
	34		71		108
	35		72		109
	36		73		110
	37		74		111

Notes

Technicals

Date ______ Time ______ Location ______

Home Team ______ Coach ______

1st Half Fouls: | | | | | | | | | | |

2nd Half Fouls: | | | | | | | | | | |

Full Timeouts: | | | |

30 Sec. Timeouts: | | |

No.	Name	Fouls					1st	2nd	3rd	4th	OT	Tot
	Totals											

	1		38		75
	2		39		76
	3		40		77
	4		41		78
	5		42		79
	6		43		80
	7		44		81
	8		45		82
	9		46		83
	10		47		84
	11		48		85
	12		49		86
	13		50		87
	14		51		88
	15		52		89
	16		53		90
	17		54		91
	18		55		92
	19		56		93
	20		57		94
	21		58		95
	22		59		96
	23		60		97
	24		61		98
	25		62		99
	26		63		100
	27		64		101
	28		65		102
	29		66		103
	30		67		104
	31		68		105
	32		69		106
	33		70		107
	34		71		108
	35		72		109
	36		73		110
	37		74		111

Notes

Technicals

Referee		Scorer		Timekeeper	

Away Team		Coach	
1st Half Fouls:		Full Timeouts:	
2nd Half Fouls:		30 Sec. Timeouts:	

No.	Name	Fouls					1st	2nd	3rd	4th	OT	Tot
Totals												

	1		38		75
	2		39		76
	3		40		77
	4		41		78
	5		42		79
	6		43		80
	7		44		81
	8		45		82
	9		46		83
	10		47		84
	11		48		85
	12		49		86
	13		50		87
	14		51		88
	15		52		89
	16		53		90
	17		54		91
	18		55		92
	19		56		93
	20		57		94
	21		58		95
	22		59		96
	23		60		97
	24		61		98
	25		62		99
	26		63		100
	27		64		101
	28		65		102
	29		66		103
	30		67		104
	31		68		105
	32		69		106
	33		70		107
	34		71		108
	35		72		109
	36		73		110
	37		74		111

Notes

Technicals

Date ____________ Time ________________ Location ____________________________________

Home Team ____________________ Coach ____________________

1st Half Fouls: | | | | | | | | | | |

Full Timeouts: | | | |

2nd Half Fouls: | | | | | | | | | | |

30 Sec. Timeouts: | | |

No.	Name	Fouls					1st	2nd	3rd	4th	OT	Tot
	Totals											

	1		38		75
	2		39		76
	3		40		77
	4		41		78
	5		42		79
	6		43		80
	7		44		81
	8		45		82
	9		46		83
	10		47		84
	11		48		85
	12		49		86
	13		50		87
	14		51		88
	15		52		89
	16		53		90
	17		54		91
	18		55		92
	19		56		93
	20		57		94
	21		58		95
	22		59		96
	23		60		97
	24		61		98
	25		62		99
	26		63		100
	27		64		101
	28		65		102
	29		66		103
	30		67		104
	31		68		105
	32		69		106
	33		70		107
	34		71		108
	35		72		109
	36		73		110
	37		74		111

Notes

Technicals

Referee ________ Scorer ________ Timekeeper ________

Away Team ________ Coach ________

1st Half Fouls: | | | | | | | | | | |

Full Timeouts: | | | |

2nd Half Fouls: | | | | | | | | | | |

30 Sec. Timeouts: | | |

No.	Name	Fouls					1st	2nd	3rd	4th	OT	Tot
Totals												

	1		38		75
	2		39		76
	3		40		77
	4		41		78
	5		42		79
	6		43		80
	7		44		81
	8		45		82
	9		46		83
	10		47		84
	11		48		85
	12		49		86
	13		50		87
	14		51		88
	15		52		89
	16		53		90
	17		54		91
	18		55		92
	19		56		93
	20		57		94
	21		58		95
	22		59		96
	23		60		97
	24		61		98
	25		62		99
	26		63		100
	27		64		101
	28		65		102
	29		66		103
	30		67		104
	31		68		105
	32		69		106
	33		70		107
	34		71		108
	35		72		109
	36		73		110
	37		74		111

Notes

Technicals

Date ______ Time ______ Location ______

Home Team ______ Coach ______

1st Half Fouls: | | | | | | | | | | |

Full Timeouts: | | | |

2nd Half Fouls: | | | | | | | | | | |

30 Sec. Timeouts: | | |

No.	Name	Fouls					1st	2nd	3rd	4th	OT	Tot
Totals												

	1		38		75
	2		39		76
	3		40		77
	4		41		78
	5		42		79
	6		43		80
	7		44		81
	8		45		82
	9		46		83
	10		47		84
	11		48		85
	12		49		86
	13		50		87
	14		51		88
	15		52		89
	16		53		90
	17		54		91
	18		55		92
	19		56		93
	20		57		94
	21		58		95
	22		59		96
	23		60		97
	24		61		98
	25		62		99
	26		63		100
	27		64		101
	28		65		102
	29		66		103
	30		67		104
	31		68		105
	32		69		106
	33		70		107
	34		71		108
	35		72		109
	36		73		110
	37		74		111

Notes

Technicals

Referee ______________ Scorer ______________ Timekeeper ______________

Away Team ______________ Coach ______________

1st Half Fouls: | | | | | | | | | | |

Full Timeouts: | | | |

2nd Half Fouls: | | | | | | | | | | |

30 Sec. Timeouts: | | |

No.	Name	Fouls					1st	2nd	3rd	4th	OT	Tot
Totals												

	1		38		75
	2		39		76
	3		40		77
	4		41		78
	5		42		79
	6		43		80
	7		44		81
	8		45		82
	9		46		83
	10		47		84
	11		48		85
	12		49		86
	13		50		87
	14		51		88
	15		52		89
	16		53		90
	17		54		91
	18		55		92
	19		56		93
	20		57		94
	21		58		95
	22		59		96
	23		60		97
	24		61		98
	25		62		99
	26		63		100
	27		64		101
	28		65		102
	29		66		103
	30		67		104
	31		68		105
	32		69		106
	33		70		107
	34		71		108
	35		72		109
	36		73		110
	37		74		111

Notes

Technicals

Date ______ Time ______ Location ______

Home Team ______ Coach ______

1st Half Fouls: | | | | | | | | | | |

2nd Half Fouls: | | | | | | | | | | |

Full Timeouts: | | | |

30 Sec. Timeouts: | | |

No.	Name	Fouls					1st	2nd	3rd	4th	OT	Tot
	Totals											

	1		38		75
	2		39		76
	3		40		77
	4		41		78
	5		42		79
	6		43		80
	7		44		81
	8		45		82
	9		46		83
	10		47		84
	11		48		85
	12		49		86
	13		50		87
	14		51		88
	15		52		89
	16		53		90
	17		54		91
	18		55		92
	19		56		93
	20		57		94
	21		58		95
	22		59		96
	23		60		97
	24		61		98
	25		62		99
	26		63		100
	27		64		101
	28		65		102
	29		66		103
	30		67		104
	31		68		105
	32		69		106
	33		70		107
	34		71		108
	35		72		109
	36		73		110
	37		74		111

Notes

Technicals

Referee ______ Scorer ______ Timekeeper ______

Away Team ______ Coach ______

1st Half Fouls: | | | | | | | | | | |

Full Timeouts: | | | |

2nd Half Fouls: | | | | | | | | | | |

30 Sec. Timeouts: | | |

No.	Name	Fouls					1st	2nd	3rd	4th	OT	Tot
Totals												

	1		38		75
	2		39		76
	3		40		77
	4		41		78
	5		42		79
	6		43		80
	7		44		81
	8		45		82
	9		46		83
	10		47		84
	11		48		85
	12		49		86
	13		50		87
	14		51		88
	15		52		89
	16		53		90
	17		54		91
	18		55		92
	19		56		93
	20		57		94
	21		58		95
	22		59		96
	23		60		97
	24		61		98
	25		62		99
	26		63		100
	27		64		101
	28		65		102
	29		66		103
	30		67		104
	31		68		105
	32		69		106
	33		70		107
	34		71		108
	35		72		109
	36		73		110
	37		74		111

Notes

Technicals

Date ____________ Time ____________ Location ____________________

Home Team ____________ Coach ____________

1st Half Fouls: | | | | | | | | | | |

Full Timeouts: | | | |

2nd Half Fouls: | | | | | | | | | | |

30 Sec. Timeouts: | | |

No.	Name	Fouls					1st	2nd	3rd	4th	OT	Tot
	Totals											

	1		38		75
	2		39		76
	3		40		77
	4		41		78
	5		42		79
	6		43		80
	7		44		81
	8		45		82
	9		46		83
	10		47		84
	11		48		85
	12		49		86
	13		50		87
	14		51		88
	15		52		89
	16		53		90
	17		54		91
	18		55		92
	19		56		93
	20		57		94
	21		58		95
	22		59		96
	23		60		97
	24		61		98
	25		62		99
	26		63		100
	27		64		101
	28		65		102
	29		66		103
	30		67		104
	31		68		105
	32		69		106
	33		70		107
	34		71		108
	35		72		109
	36		73		110
	37		74		111

Notes

Technicals

Referee ____________ Scorer ____________ Timekeeper ____________

Away Team ____________ Coach ____________

1st Half Fouls: | | | | | | | | | | |

Full Timeouts: | | | |

2nd Half Fouls: | | | | | | | | | | |

30 Sec. Timeouts: | | |

No.	Name	Fouls	1st	2nd	3rd	4th	OT	Tot
Totals								

	1		38		75
	2		39		76
	3		40		77
	4		41		78
	5		42		79
	6		43		80
	7		44		81
	8		45		82
	9		46		83
	10		47		84
	11		48		85
	12		49		86
	13		50		87
	14		51		88
	15		52		89
	16		53		90
	17		54		91
	18		55		92
	19		56		93
	20		57		94
	21		58		95
	22		59		96
	23		60		97
	24		61		98
	25		62		99
	26		63		100
	27		64		101
	28		65		102
	29		66		103
	30		67		104
	31		68		105
	32		69		106
	33		70		107
	34		71		108
	35		72		109
	36		73		110
	37		74		111

Notes

Technicals

Date ______ Time ______ Location ______

Home Team ______ Coach ______

1st Half Fouls: | | | | | | | | | | |

Full Timeouts: | | | |

2nd Half Fouls: | | | | | | | | | | |

30 Sec. Timeouts: | | |

No.	Name	Fouls					1st	2nd	3rd	4th	OT	Tot
Totals												

	1		38		75
	2		39		76
	3		40		77
	4		41		78
	5		42		79
	6		43		80
	7		44		81
	8		45		82
	9		46		83
	10		47		84
	11		48		85
	12		49		86
	13		50		87
	14		51		88
	15		52		89
	16		53		90
	17		54		91
	18		55		92
	19		56		93
	20		57		94
	21		58		95
	22		59		96
	23		60		97
	24		61		98
	25		62		99
	26		63		100
	27		64		101
	28		65		102
	29		66		103
	30		67		104
	31		68		105
	32		69		106
	33		70		107
	34		71		108
	35		72		109
	36		73		110
	37		74		111

Notes

Technicals

Referee ______________ Scorer ______________ Timekeeper ______________

Away Team ______________ Coach ______________

1st Half Fouls: | | | | | | | | | | |

Full Timeouts: | | | |

2nd Half Fouls: | | | | | | | | | | |

30 Sec. Timeouts: | | |

No.	Name	Fouls					1st	2nd	3rd	4th	OT	Tot
Totals												

	1		38		75
	2		39		76
	3		40		77
	4		41		78
	5		42		79
	6		43		80
	7		44		81
	8		45		82
	9		46		83
	10		47		84
	11		48		85
	12		49		86
	13		50		87
	14		51		88
	15		52		89
	16		53		90
	17		54		91
	18		55		92
	19		56		93
	20		57		94
	21		58		95
	22		59		96
	23		60		97
	24		61		98
	25		62		99
	26		63		100
	27		64		101
	28		65		102
	29		66		103
	30		67		104
	31		68		105
	32		69		106
	33		70		107
	34		71		108
	35		72		109
	36		73		110
	37		74		111

Notes

Technicals

Date ________ Time ________ Location ________

Home Team ________ Coach ________

1st Half Fouls: | | | | | | | | | | |

2nd Half Fouls: | | | | | | | | | | |

Full Timeouts: | | | |

30 Sec. Timeouts: | | |

No.	Name	Fouls					1st	2nd	3rd	4th	OT	Tot
Totals												

	1		38		75
	2		39		76
	3		40		77
	4		41		78
	5		42		79
	6		43		80
	7		44		81
	8		45		82
	9		46		83
	10		47		84
	11		48		85
	12		49		86
	13		50		87
	14		51		88
	15		52		89
	16		53		90
	17		54		91
	18		55		92
	19		56		93
	20		57		94
	21		58		95
	22		59		96
	23		60		97
	24		61		98
	25		62		99
	26		63		100
	27		64		101
	28		65		102
	29		66		103
	30		67		104
	31		68		105
	32		69		106
	33		70		107
	34		71		108
	35		72		109
	36		73		110
	37		74		111

Notes

Technicals

Referee ____________ Scorer ____________ Timekeeper ____________

Away Team ____________ Coach ____________

1st Half Fouls: | | | | | | | | | | |

Full Timeouts: | | | |

2nd Half Fouls: | | | | | | | | | | |

30 Sec. Timeouts: | | |

No.	Name	Fouls	1st	2nd	3rd	4th	OT	Tot
	Totals							

	1		38		75
	2		39		76
	3		40		77
	4		41		78
	5		42		79
	6		43		80
	7		44		81
	8		45		82
	9		46		83
	10		47		84
	11		48		85
	12		49		86
	13		50		87
	14		51		88
	15		52		89
	16		53		90
	17		54		91
	18		55		92
	19		56		93
	20		57		94
	21		58		95
	22		59		96
	23		60		97
	24		61		98
	25		62		99
	26		63		100
	27		64		101
	28		65		102
	29		66		103
	30		67		104
	31		68		105
	32		69		106
	33		70		107
	34		71		108
	35		72		109
	36		73		110
	37		74		111

Notes

Technicals

Date		Time		Location	

Home Team ____________ Coach ____________

1st Half Fouls: | | | | | | | | | | |

Full Timeouts: | | | |

2nd Half Fouls: | | | | | | | | | | |

30 Sec. Timeouts: | | |

No.	Name	Fouls					1st	2nd	3rd	4th	OT	Tot
	Totals											

Notes

	1		38		75
	2		39		76
	3		40		77
	4		41		78
	5		42		79
	6		43		80
	7		44		81
	8		45		82
	9		46		83
	10		47		84
	11		48		85
	12		49		86
	13		50		87
	14		51		88
	15		52		89
	16		53		90
	17		54		91
	18		55		92
	19		56		93
	20		57		94
	21		58		95
	22		59		96
	23		60		97
	24		61		98
	25		62		99
	26		63		100
	27		64		101
	28		65		102
	29		66		103
	30		67		104
	31		68		105
	32		69		106
	33		70		107
	34		71		108
	35		72		109
	36		73		110
	37		74		111

Technicals

Referee ______________ Scorer ______________ Timekeeper ______________

Away Team ______________ Coach ______________

1st Half Fouls: ☐☐☐☐☐☐☐☐☐☐ Full Timeouts: ☐☐☐

2nd Half Fouls: ☐☐☐☐☐☐☐☐☐☐ 30 Sec. Timeouts: ☐☐

No.	Name	Fouls					1st	2nd	3rd	4th	OT	Tot
	Totals											

	1		38		75
	2		39		76
	3		40		77
	4		41		78
	5		42		79
	6		43		80
	7		44		81
	8		45		82
	9		46		83
	10		47		84
	11		48		85
	12		49		86
	13		50		87
	14		51		88
	15		52		89
	16		53		90
	17		54		91
	18		55		92
	19		56		93
	20		57		94
	21		58		95
	22		59		96
	23		60		97
	24		61		98
	25		62		99
	26		63		100
	27		64		101
	28		65		102
	29		66		103
	30		67		104
	31		68		105
	32		69		106
	33		70		107
	34		71		108
	35		72		109
	36		73		110
	37		74		111

Notes

Technicals

Date ____________ Time ________________ Location ____________________________________

Home Team ________________ Coach ______________

1st Half Fouls: | | | | | | | | | | |

Full Timeouts: | | | |

2nd Half Fouls: | | | | | | | | | | |

30 Sec. Timeouts: | | |

No.	Name	Fouls					1st	2nd	3rd	4th	OT	Tot
Totals												

	1		38		75
	2		39		76
	3		40		77
	4		41		78
	5		42		79
	6		43		80
	7		44		81
	8		45		82
	9		46		83
	10		47		84
	11		48		85
	12		49		86
	13		50		87
	14		51		88
	15		52		89
	16		53		90
	17		54		91
	18		55		92
	19		56		93
	20		57		94
	21		58		95
	22		59		96
	23		60		97
	24		61		98
	25		62		99
	26		63		100
	27		64		101
	28		65		102
	29		66		103
	30		67		104
	31		68		105
	32		69		106
	33		70		107
	34		71		108
	35		72		109
	36		73		110
	37		74		111

Notes

Technicals

Referee ________ Scorer ________ Timekeeper ________

Away Team ________ Coach ________

1st Half Fouls: ☐☐☐☐☐☐☐☐☐☐ Full Timeouts: ☐☐☐

2nd Half Fouls: ☐☐☐☐☐☐☐☐☐☐ 30 Sec. Timeouts: ☐☐

No.	Name	Fouls	1st	2nd	3rd	4th	OT	Tot
	Totals							

	1		38		75
	2		39		76
	3		40		77
	4		41		78
	5		42		79
	6		43		80
	7		44		81
	8		45		82
	9		46		83
	10		47		84
	11		48		85
	12		49		86
	13		50		87
	14		51		88
	15		52		89
	16		53		90
	17		54		91
	18		55		92
	19		56		93
	20		57		94
	21		58		95
	22		59		96
	23		60		97
	24		61		98
	25		62		99
	26		63		100
	27		64		101
	28		65		102
	29		66		103
	30		67		104
	31		68		105
	32		69		106
	33		70		107
	34		71		108
	35		72		109
	36		73		110
	37		74		111

Notes

Technicals

Date ______ Time ______ Location ______

Home Team ______ Coach ______

1st Half Fouls: | | | | | | | | | | |

2nd Half Fouls: | | | | | | | | | | |

Full Timeouts: | | | |

30 Sec. Timeouts: | | |

No.	Name	Fouls					1st	2nd	3rd	4th	OT	Tot
Totals												

	1		38		75
	2		39		76
	3		40		77
	4		41		78
	5		42		79
	6		43		80
	7		44		81
	8		45		82
	9		46		83
	10		47		84
	11		48		85
	12		49		86
	13		50		87
	14		51		88
	15		52		89
	16		53		90
	17		54		91
	18		55		92
	19		56		93
	20		57		94
	21		58		95
	22		59		96
	23		60		97
	24		61		98
	25		62		99
	26		63		100
	27		64		101
	28		65		102
	29		66		103
	30		67		104
	31		68		105
	32		69		106
	33		70		107
	34		71		108
	35		72		109
	36		73		110
	37		74		111

Notes

Technicals

Referee ____________ Scorer ____________ Timekeeper ____________

Away Team ____________ Coach ____________

1st Half Fouls: | | | | | | | | | | |

Full Timeouts: | | | |

2nd Half Fouls: | | | | | | | | | | |

30 Sec. Timeouts: | | |

No.	Name	Fouls					1st	2nd	3rd	4th	OT	Tot
Totals												

	1		38		75
	2		39		76
	3		40		77
	4		41		78
	5		42		79
	6		43		80
	7		44		81
	8		45		82
	9		46		83
	10		47		84
	11		48		85
	12		49		86
	13		50		87
	14		51		88
	15		52		89
	16		53		90
	17		54		91
	18		55		92
	19		56		93
	20		57		94
	21		58		95
	22		59		96
	23		60		97
	24		61		98
	25		62		99
	26		63		100
	27		64		101
	28		65		102
	29		66		103
	30		67		104
	31		68		105
	32		69		106
	33		70		107
	34		71		108
	35		72		109
	36		73		110
	37		74		111

Notes

Technicals

Date ____________ Time ______________ Location ______________________________

Home Team ________________ Coach ________________

1st Half Fouls: | | | | | | | | | | |

Full Timeouts: | | | |

2nd Half Fouls: | | | | | | | | | | |

30 Sec. Timeouts: | | |

No.	Name	Fouls					1st	2nd	3rd	4th	OT	Tot
	Totals											

	1		38		75
	2		39		76
	3		40		77
	4		41		78
	5		42		79
	6		43		80
	7		44		81
	8		45		82
	9		46		83
	10		47		84
	11		48		85
	12		49		86
	13		50		87
	14		51		88
	15		52		89
	16		53		90
	17		54		91
	18		55		92
	19		56		93
	20		57		94
	21		58		95
	22		59		96
	23		60		97
	24		61		98
	25		62		99
	26		63		100
	27		64		101
	28		65		102
	29		66		103
	30		67		104
	31		68		105
	32		69		106
	33		70		107
	34		71		108
	35		72		109
	36		73		110
	37		74		111

Notes

Technicals

Referee ______________ Scorer ______________ Timekeeper ______________

Away Team ______________ Coach ______________

1st Half Fouls: | | | | | | | | | | |

Full Timeouts: | | | |

2nd Half Fouls: | | | | | | | | | | |

30 Sec. Timeouts: | | |

No.	Name	Fouls					1st	2nd	3rd	4th	OT	Tot
Totals												

	1		38		75
	2		39		76
	3		40		77
	4		41		78
	5		42		79
	6		43		80
	7		44		81
	8		45		82
	9		46		83
	10		47		84
	11		48		85
	12		49		86
	13		50		87
	14		51		88
	15		52		89
	16		53		90
	17		54		91
	18		55		92
	19		56		93
	20		57		94
	21		58		95
	22		59		96
	23		60		97
	24		61		98
	25		62		99
	26		63		100
	27		64		101
	28		65		102
	29		66		103
	30		67		104
	31		68		105
	32		69		106
	33		70		107
	34		71		108
	35		72		109
	36		73		110
	37		74		111

Notes

Technicals

Date ______ Time ______ Location ______

Home Team ______ Coach ______

1st Half Fouls: | | | | | | | | | | |

Full Timeouts: | | | |

2nd Half Fouls: | | | | | | | | | | |

30 Sec. Timeouts: | | |

No.	Name	Fouls					1st	2nd	3rd	4th	OT	Tot
	Totals											

	1		38		75
	2		39		76
	3		40		77
	4		41		78
	5		42		79
	6		43		80
	7		44		81
	8		45		82
	9		46		83
	10		47		84
	11		48		85
	12		49		86
	13		50		87
	14		51		88
	15		52		89
	16		53		90
	17		54		91
	18		55		92
	19		56		93
	20		57		94
	21		58		95
	22		59		96
	23		60		97
	24		61		98
	25		62		99
	26		63		100
	27		64		101
	28		65		102
	29		66		103
	30		67		104
	31		68		105
	32		69		106
	33		70		107
	34		71		108
	35		72		109
	36		73		110
	37		74		111

Notes

Technicals

Referee Scorer Timekeeper

Away Team Coach

1st Half Fouls: | | | | | | | | | |

Full Timeouts: | | |

2nd Half Fouls: | | | | | | | | | |

30 Sec. Timeouts: | | |

No.	Name	Fouls					1st	2nd	3rd	4th	OT	Tot
Totals												

	1		38		75
	2		39		76
	3		40		77
	4		41		78
	5		42		79
	6		43		80
	7		44		81
	8		45		82
	9		46		83
	10		47		84
	11		48		85
	12		49		86
	13		50		87
	14		51		88
	15		52		89
	16		53		90
	17		54		91
	18		55		92
	19		56		93
	20		57		94
	21		58		95
	22		59		96
	23		60		97
	24		61		98
	25		62		99
	26		63		100
	27		64		101
	28		65		102
	29		66		103
	30		67		104
	31		68		105
	32		69		106
	33		70		107
	34		71		108
	35		72		109
	36		73		110
	37		74		111

Notes

Technicals

Date ________ Time ________ Location ________

Home Team ________ Coach ________

1st Half Fouls: | | | | | | | | | | |

2nd Half Fouls: | | | | | | | | | | |

Full Timeouts: | | | |

30 Sec. Timeouts: | | |

No.	Name	Fouls					1st	2nd	3rd	4th	OT	Tot
Totals												

	1		38		75
	2		39		76
	3		40		77
	4		41		78
	5		42		79
	6		43		80
	7		44		81
	8		45		82
	9		46		83
	10		47		84
	11		48		85
	12		49		86
	13		50		87
	14		51		88
	15		52		89
	16		53		90
	17		54		91
	18		55		92
	19		56		93
	20		57		94
	21		58		95
	22		59		96
	23		60		97
	24		61		98
	25		62		99
	26		63		100
	27		64		101
	28		65		102
	29		66		103
	30		67		104
	31		68		105
	32		69		106
	33		70		107
	34		71		108
	35		72		109
	36		73		110
	37		74		111

Notes

Technicals

Referee ______ Scorer ______ Timekeeper ______

Away Team ______ Coach ______

1st Half Fouls: | | | | | | | | | | |

Full Timeouts: | | | |

2nd Half Fouls: | | | | | | | | | | |

30 Sec. Timeouts: | | |

No.	Name	Fouls	1st	2nd	3rd	4th	OT	Tot
	Totals							

	1		38		75
	2		39		76
	3		40		77
	4		41		78
	5		42		79
	6		43		80
	7		44		81
	8		45		82
	9		46		83
	10		47		84
	11		48		85
	12		49		86
	13		50		87
	14		51		88
	15		52		89
	16		53		90
	17		54		91
	18		55		92
	19		56		93
	20		57		94
	21		58		95
	22		59		96
	23		60		97
	24		61		98
	25		62		99
	26		63		100
	27		64		101
	28		65		102
	29		66		103
	30		67		104
	31		68		105
	32		69		106
	33		70		107
	34		71		108
	35		72		109
	36		73		110
	37		74		111

Notes

Technicals

Date ________ Time ________ Location ________

Home Team ________ Coach ________

1st Half Fouls: | | | | | | | | | | |

Full Timeouts: | | | |

2nd Half Fouls: | | | | | | | | | | |

30 Sec. Timeouts: | | |

No.	Name	Fouls					1st	2nd	3rd	4th	OT	Tot
Totals												

	1		38		75
	2		39		76
	3		40		77
	4		41		78
	5		42		79
	6		43		80
	7		44		81
	8		45		82
	9		46		83
	10		47		84
	11		48		85
	12		49		86
	13		50		87
	14		51		88
	15		52		89
	16		53		90
	17		54		91
	18		55		92
	19		56		93
	20		57		94
	21		58		95
	22		59		96
	23		60		97
	24		61		98
	25		62		99
	26		63		100
	27		64		101
	28		65		102
	29		66		103
	30		67		104
	31		68		105
	32		69		106
	33		70		107
	34		71		108
	35		72		109
	36		73		110
	37		74		111

Notes

Technicals

Referee	Scorer	Timekeeper

Away Team Coach

1st Half Fouls: | | | | | | | | | | |

2nd Half Fouls: | | | | | | | | | | |

Full Timeouts: | | | |

30 Sec. Timeouts: | | |

No.	Name	Fouls					1st	2nd	3rd	4th	OT	Tot
	Totals											

	1		38		75
	2		39		76
	3		40		77
	4		41		78
	5		42		79
	6		43		80
	7		44		81
	8		45		82
	9		46		83
	10		47		84
	11		48		85
	12		49		86
	13		50		87
	14		51		88
	15		52		89
	16		53		90
	17		54		91
	18		55		92
	19		56		93
	20		57		94
	21		58		95
	22		59		96
	23		60		97
	24		61		98
	25		62		99
	26		63		100
	27		64		101
	28		65		102
	29		66		103
	30		67		104
	31		68		105
	32		69		106
	33		70		107
	34		71		108
	35		72		109
	36		73		110
	37		74		111

Notes

Technicals

Date ____________ Time ______________ Location ______________________________

Home Team ________________ Coach ________________

1st Half Fouls: | | | | | | | | | | | Full Timeouts: | | | |

2nd Half Fouls: | | | | | | | | | | | 30 Sec. Timeouts: | | |

No.	Name	Fouls					1st	2nd	3rd	4th	OT	Tot
Totals												

	1		38		75
	2		39		76
	3		40		77
	4		41		78
	5		42		79
	6		43		80
	7		44		81
	8		45		82
	9		46		83
	10		47		84
	11		48		85
	12		49		86
	13		50		87
	14		51		88
	15		52		89
	16		53		90
	17		54		91
	18		55		92
	19		56		93
	20		57		94
	21		58		95
	22		59		96
	23		60		97
	24		61		98
	25		62		99
	26		63		100
	27		64		101
	28		65		102
	29		66		103
	30		67		104
	31		68		105
	32		69		106
	33		70		107
	34		71		108
	35		72		109
	36		73		110
	37		74		111

Notes

Technicals

Referee ____________ Scorer ____________ Timekeeper ____________

Away Team ____________ Coach ____________

1st Half Fouls: | | | | | | | | | | |

Full Timeouts: | | | |

2nd Half Fouls: | | | | | | | | | | |

30 Sec. Timeouts: | | |

No.	Name	Fouls					1st	2nd	3rd	4th	OT	Tot
Totals												

	1		38		75
	2		39		76
	3		40		77
	4		41		78
	5		42		79
	6		43		80
	7		44		81
	8		45		82
	9		46		83
	10		47		84
	11		48		85
	12		49		86
	13		50		87
	14		51		88
	15		52		89
	16		53		90
	17		54		91
	18		55		92
	19		56		93
	20		57		94
	21		58		95
	22		59		96
	23		60		97
	24		61		98
	25		62		99
	26		63		100
	27		64		101
	28		65		102
	29		66		103
	30		67		104
	31		68		105
	32		69		106
	33		70		107
	34		71		108
	35		72		109
	36		73		110
	37		74		111

Notes

Technicals

Date ____________ Time ________________ Location ________________________________

Home Team ________________ Coach ________________

1st Half Fouls: | | | | | | | | | | |

Full Timeouts: | | | |

2nd Half Fouls: | | | | | | | | | | |

30 Sec. Timeouts: | | |

No.	Name	Fouls					1st	2nd	3rd	4th	OT	Tot
Totals												

	1		38		75
	2		39		76
	3		40		77
	4		41		78
	5		42		79
	6		43		80
	7		44		81
	8		45		82
	9		46		83
	10		47		84
	11		48		85
	12		49		86
	13		50		87
	14		51		88
	15		52		89
	16		53		90
	17		54		91
	18		55		92
	19		56		93
	20		57		94
	21		58		95
	22		59		96
	23		60		97
	24		61		98
	25		62		99
	26		63		100
	27		64		101
	28		65		102
	29		66		103
	30		67		104
	31		68		105
	32		69		106
	33		70		107
	34		71		108
	35		72		109
	36		73		110
	37		74		111

Notes

Technicals

Referee Scorer Timekeeper

Away Team Coach

1st Half Fouls: | | | | | | | | | | |

Full Timeouts: | | | |

2nd Half Fouls: | | | | | | | | | | |

30 Sec. Timeouts: | | |

No.	Name	Fouls					1st	2nd	3rd	4th	OT	Tot
	Totals											

	1		38		75
	2		39		76
	3		40		77
	4		41		78
	5		42		79
	6		43		80
	7		44		81
	8		45		82
	9		46		83
	10		47		84
	11		48		85
	12		49		86
	13		50		87
	14		51		88
	15		52		89
	16		53		90
	17		54		91
	18		55		92
	19		56		93
	20		57		94
	21		58		95
	22		59		96
	23		60		97
	24		61		98
	25		62		99
	26		63		100
	27		64		101
	28		65		102
	29		66		103
	30		67		104
	31		68		105
	32		69		106
	33		70		107
	34		71		108
	35		72		109
	36		73		110
	37		74		111

Notes

Technicals

Date ____________ Time ______________ Location ______________________________

Home Team ______________ Coach ______________

1st Half Fouls: | | | | | | | | | | |

Full Timeouts: | | | |

2nd Half Fouls: | | | | | | | | | | |

30 Sec. Timeouts: | | |

No.	Name	Fouls					1st	2nd	3rd	4th	OT	Tot
	Totals											

	1		38		75
	2		39		76
	3		40		77
	4		41		78
	5		42		79
	6		43		80
	7		44		81
	8		45		82
	9		46		83
	10		47		84
	11		48		85
	12		49		86
	13		50		87
	14		51		88
	15		52		89
	16		53		90
	17		54		91
	18		55		92
	19		56		93
	20		57		94
	21		58		95
	22		59		96
	23		60		97
	24		61		98
	25		62		99
	26		63		100
	27		64		101
	28		65		102
	29		66		103
	30		67		104
	31		68		105
	32		69		106
	33		70		107
	34		71		108
	35		72		109
	36		73		110
	37		74		111

Notes

Technicals

Referee ______ Scorer ______ Timekeeper ______

Away Team ______ Coach ______

1st Half Fouls: ☐☐☐☐☐☐☐☐☐☐ Full Timeouts: ☐☐☐

2nd Half Fouls: ☐☐☐☐☐☐☐☐☐☐ 30 Sec. Timeouts: ☐☐

No.	Name	Fouls	1st	2nd	3rd	4th	OT	Tot
Totals								

	1		38		75
	2		39		76
	3		40		77
	4		41		78
	5		42		79
	6		43		80
	7		44		81
	8		45		82
	9		46		83
	10		47		84
	11		48		85
	12		49		86
	13		50		87
	14		51		88
	15		52		89
	16		53		90
	17		54		91
	18		55		92
	19		56		93
	20		57		94
	21		58		95
	22		59		96
	23		60		97
	24		61		98
	25		62		99
	26		63		100
	27		64		101
	28		65		102
	29		66		103
	30		67		104
	31		68		105
	32		69		106
	33		70		107
	34		71		108
	35		72		109
	36		73		110
	37		74		111

Notes

Technicals

Date ____________ Time ____________ Location ____________

Home Team ____________ Coach ____________

1st Half Fouls:										
2nd Half Fouls:										

Full Timeouts:			
30 Sec. Timeouts:			

No.	Name	Fouls					1st	2nd	3rd	4th	OT	Tot
Totals												

	1		38		75
	2		39		76
	3		40		77
	4		41		78
	5		42		79
	6		43		80
	7		44		81
	8		45		82
	9		46		83
	10		47		84
	11		48		85
	12		49		86
	13		50		87
	14		51		88
	15		52		89
	16		53		90
	17		54		91
	18		55		92
	19		56		93
	20		57		94
	21		58		95
	22		59		96
	23		60		97
	24		61		98
	25		62		99
	26		63		100
	27		64		101
	28		65		102
	29		66		103
	30		67		104
	31		68		105
	32		69		106
	33		70		107
	34		71		108
	35		72		109
	36		73		110
	37		74		111

Notes

Technicals

Referee ______________ Scorer ______________ Timekeeper ______________

Away Team ______________ Coach ______________

1st Half Fouls: | | | | | | | | | | | Full Timeouts: | | | |

2nd Half Fouls: | | | | | | | | | | | 30 Sec. Timeouts: | | |

No.	Name	Fouls					1st	2nd	3rd	4th	OT	Tot
Totals												

	1		38		75
	2		39		76
	3		40		77
	4		41		78
	5		42		79
	6		43		80
	7		44		81
	8		45		82
	9		46		83
	10		47		84
	11		48		85
	12		49		86
	13		50		87
	14		51		88
	15		52		89
	16		53		90
	17		54		91
	18		55		92
	19		56		93
	20		57		94
	21		58		95
	22		59		96
	23		60		97
	24		61		98
	25		62		99
	26		63		100
	27		64		101
	28		65		102
	29		66		103
	30		67		104
	31		68		105
	32		69		106
	33		70		107
	34		71		108
	35		72		109
	36		73		110
	37		74		111

Notes

Technicals

Date ____________ Time ____________ Location ____________

Home Team ____________ Coach ____________

1st Half Fouls: | | | | | | | | | | |

Full Timeouts: | | | |

2nd Half Fouls: | | | | | | | | | | |

30 Sec. Timeouts: | | |

No.	Name	Fouls	1st	2nd	3rd	4th	OT	Tot
	Totals							

	1		38		75
	2		39		76
	3		40		77
	4		41		78
	5		42		79
	6		43		80
	7		44		81
	8		45		82
	9		46		83
	10		47		84
	11		48		85
	12		49		86
	13		50		87
	14		51		88
	15		52		89
	16		53		90
	17		54		91
	18		55		92
	19		56		93
	20		57		94
	21		58		95
	22		59		96
	23		60		97
	24		61		98
	25		62		99
	26		63		100
	27		64		101
	28		65		102
	29		66		103
	30		67		104
	31		68		105
	32		69		106
	33		70		107
	34		71		108
	35		72		109
	36		73		110
	37		74		111

Notes

Technicals

Referee ____________ Scorer ____________ Timekeeper ____________

Away Team ____________ Coach ____________

1st Half Fouls: | | | | | | | | | | |

Full Timeouts: | | | |

2nd Half Fouls: | | | | | | | | | | |

30 Sec. Timeouts: | | |

No.	Name	Fouls	1st	2nd	3rd	4th	OT	Tot
	Totals							

	1		38		75
	2		39		76
	3		40		77
	4		41		78
	5		42		79
	6		43		80
	7		44		81
	8		45		82
	9		46		83
	10		47		84
	11		48		85
	12		49		86
	13		50		87
	14		51		88
	15		52		89
	16		53		90
	17		54		91
	18		55		92
	19		56		93
	20		57		94
	21		58		95
	22		59		96
	23		60		97
	24		61		98
	25		62		99
	26		63		100
	27		64		101
	28		65		102
	29		66		103
	30		67		104
	31		68		105
	32		69		106
	33		70		107
	34		71		108
	35		72		109
	36		73		110
	37		74		111

Notes

Technicals

Date ____________ Time ______________ Location ______________________________

Home Team ______________ Coach ______________

1st Half Fouls: | | | | | | | | | | | Full Timeouts: | | | |

2nd Half Fouls: | | | | | | | | | | | 30 Sec. Timeouts: | | |

No.	Name	Fouls					1st	2nd	3rd	4th	OT	Tot
Totals												

	1		38		75
	2		39		76
	3		40		77
	4		41		78
	5		42		79
	6		43		80
	7		44		81
	8		45		82
	9		46		83
	10		47		84
	11		48		85
	12		49		86
	13		50		87
	14		51		88
	15		52		89
	16		53		90
	17		54		91
	18		55		92
	19		56		93
	20		57		94
	21		58		95
	22		59		96
	23		60		97
	24		61		98
	25		62		99
	26		63		100
	27		64		101
	28		65		102
	29		66		103
	30		67		104
	31		68		105
	32		69		106
	33		70		107
	34		71		108
	35		72		109
	36		73		110
	37		74		111

Notes

Technicals

Referee ______________ Scorer ______________ Timekeeper ______________

Away Team ______________ Coach ______________

1st Half Fouls: | | | | | | | | | | |

Full Timeouts: | | | |

2nd Half Fouls: | | | | | | | | | | |

30 Sec. Timeouts: | | |

No.	Name	Fouls					1st	2nd	3rd	4th	OT	Tot
	Totals											

	1		38		75
	2		39		76
	3		40		77
	4		41		78
	5		42		79
	6		43		80
	7		44		81
	8		45		82
	9		46		83
	10		47		84
	11		48		85
	12		49		86
	13		50		87
	14		51		88
	15		52		89
	16		53		90
	17		54		91
	18		55		92
	19		56		93
	20		57		94
	21		58		95
	22		59		96
	23		60		97
	24		61		98
	25		62		99
	26		63		100
	27		64		101
	28		65		102
	29		66		103
	30		67		104
	31		68		105
	32		69		106
	33		70		107
	34		71		108
	35		72		109
	36		73		110
	37		74		111

Notes

Technicals

Date ____________ Time ________________ Location ______________________________

Home Team ________________ Coach ________________

1st Half Fouls: | | | | | | | | | | |

Full Timeouts: | | | |

2nd Half Fouls: | | | | | | | | | | |

30 Sec. Timeouts: | | |

No.	Name	Fouls					1st	2nd	3rd	4th	OT	Tot
Totals												

	1		38		75
	2		39		76
	3		40		77
	4		41		78
	5		42		79
	6		43		80
	7		44		81
	8		45		82
	9		46		83
	10		47		84
	11		48		85
	12		49		86
	13		50		87
	14		51		88
	15		52		89
	16		53		90
	17		54		91
	18		55		92
	19		56		93
	20		57		94
	21		58		95
	22		59		96
	23		60		97
	24		61		98
	25		62		99
	26		63		100
	27		64		101
	28		65		102
	29		66		103
	30		67		104
	31		68		105
	32		69		106
	33		70		107
	34		71		108
	35		72		109
	36		73		110
	37		74		111

Notes

Technicals

Referee ____________ Scorer ____________ Timekeeper ____________

Away Team ____________ Coach ____________

1st Half Fouls: | | | | | | | | | | |

Full Timeouts: | | | |

2nd Half Fouls: | | | | | | | | | | |

30 Sec. Timeouts: | | |

No.	Name	Fouls					1st	2nd	3rd	4th	OT	Tot
Totals												

	1		38		75
	2		39		76
	3		40		77
	4		41		78
	5		42		79
	6		43		80
	7		44		81
	8		45		82
	9		46		83
	10		47		84
	11		48		85
	12		49		86
	13		50		87
	14		51		88
	15		52		89
	16		53		90
	17		54		91
	18		55		92
	19		56		93
	20		57		94
	21		58		95
	22		59		96
	23		60		97
	24		61		98
	25		62		99
	26		63		100
	27		64		101
	28		65		102
	29		66		103
	30		67		104
	31		68		105
	32		69		106
	33		70		107
	34		71		108
	35		72		109
	36		73		110
	37		74		111

Notes

Technicals

Date ______ Time ______ Location ______

Home Team ______ Coach ______

1st Half Fouls: | | | | | | | | | | |

2nd Half Fouls: | | | | | | | | | | |

Full Timeouts: | | | |

30 Sec. Timeouts: | | |

No.	Name	Fouls					1st	2nd	3rd	4th	OT	Tot
Totals												

	1		38		75
	2		39		76
	3		40		77
	4		41		78
	5		42		79
	6		43		80
	7		44		81
	8		45		82
	9		46		83
	10		47		84
	11		48		85
	12		49		86
	13		50		87
	14		51		88
	15		52		89
	16		53		90
	17		54		91
	18		55		92
	19		56		93
	20		57		94
	21		58		95
	22		59		96
	23		60		97
	24		61		98
	25		62		99
	26		63		100
	27		64		101
	28		65		102
	29		66		103
	30		67		104
	31		68		105
	32		69		106
	33		70		107
	34		71		108
	35		72		109
	36		73		110
	37		74		111

Notes

Technicals

Referee ____________ Scorer ____________ Timekeeper ____________

Away Team ____________ Coach ____________

1st Half Fouls: | | | | | | | | | | |

2nd Half Fouls: | | | | | | | | | | |

Full Timeouts: | | | |

30 Sec. Timeouts: | | |

No.	Name	Fouls					1st	2nd	3rd	4th	OT	Tot
Totals												

	1		38		75
	2		39		76
	3		40		77
	4		41		78
	5		42		79
	6		43		80
	7		44		81
	8		45		82
	9		46		83
	10		47		84
	11		48		85
	12		49		86
	13		50		87
	14		51		88
	15		52		89
	16		53		90
	17		54		91
	18		55		92
	19		56		93
	20		57		94
	21		58		95
	22		59		96
	23		60		97
	24		61		98
	25		62		99
	26		63		100
	27		64		101
	28		65		102
	29		66		103
	30		67		104
	31		68		105
	32		69		106
	33		70		107
	34		71		108
	35		72		109
	36		73		110
	37		74		111

Notes

Technicals

Date ______ Time ______ Location ______

Home Team ______ Coach ______

1st Half Fouls: | | | | | | | | | | |

Full Timeouts: | | | |

2nd Half Fouls: | | | | | | | | | | |

30 Sec. Timeouts: | | |

No.	Name	Fouls					1st	2nd	3rd	4th	OT	Tot
	Totals											

	1		38		75
	2		39		76
	3		40		77
	4		41		78
	5		42		79
	6		43		80
	7		44		81
	8		45		82
	9		46		83
	10		47		84
	11		48		85
	12		49		86
	13		50		87
	14		51		88
	15		52		89
	16		53		90
	17		54		91
	18		55		92
	19		56		93
	20		57		94
	21		58		95
	22		59		96
	23		60		97
	24		61		98
	25		62		99
	26		63		100
	27		64		101
	28		65		102
	29		66		103
	30		67		104
	31		68		105
	32		69		106
	33		70		107
	34		71		108
	35		72		109
	36		73		110
	37		74		111

Notes

Technicals

Referee ______ Scorer ______ Timekeeper ______

Away Team ______ Coach ______

1st Half Fouls: | | | | | | | | | | |

Full Timeouts: | | | |

2nd Half Fouls: | | | | | | | | | | |

30 Sec. Timeouts: | | |

No.	Name	Fouls					1st	2nd	3rd	4th	OT	Tot
Totals												

Notes

	1		38		75
	2		39		76
	3		40		77
	4		41		78
	5		42		79
	6		43		80
	7		44		81
	8		45		82
	9		46		83
	10		47		84
	11		48		85
	12		49		86
	13		50		87
	14		51		88
	15		52		89
	16		53		90
	17		54		91
	18		55		92
	19		56		93
	20		57		94
	21		58		95
	22		59		96
	23		60		97
	24		61		98
	25		62		99
	26		63		100
	27		64		101
	28		65		102
	29		66		103
	30		67		104
	31		68		105
	32		69		106
	33		70		107
	34		71		108
	35		72		109
	36		73		110
	37		74		111

Technicals

Date ________ Time ________ Location ________

Home Team ________ Coach ________

1st Half Fouls: | | | | | | | | | | |

2nd Half Fouls: | | | | | | | | | | |

Full Timeouts: | | | |

30 Sec. Timeouts: | | |

No.	Name	Fouls					1st	2nd	3rd	4th	OT	Tot
	Totals											

	1		38		75
	2		39		76
	3		40		77
	4		41		78
	5		42		79
	6		43		80
	7		44		81
	8		45		82
	9		46		83
	10		47		84
	11		48		85
	12		49		86
	13		50		87
	14		51		88
	15		52		89
	16		53		90
	17		54		91
	18		55		92
	19		56		93
	20		57		94
	21		58		95
	22		59		96
	23		60		97
	24		61		98
	25		62		99
	26		63		100
	27		64		101
	28		65		102
	29		66		103
	30		67		104
	31		68		105
	32		69		106
	33		70		107
	34		71		108
	35		72		109
	36		73		110
	37		74		111

Notes

Technicals

Referee ______ Scorer ______ Timekeeper ______

Away Team ______ Coach ______

1st Half Fouls: | | | | | | | | | | |

2nd Half Fouls: | | | | | | | | | | |

Full Timeouts: | | | |

30 Sec. Timeouts: | | |

No.	Name	Fouls					1st	2nd	3rd	4th	OT	Tot
Totals												

	1		38		75
	2		39		76
	3		40		77
	4		41		78
	5		42		79
	6		43		80
	7		44		81
	8		45		82
	9		46		83
	10		47		84
	11		48		85
	12		49		86
	13		50		87
	14		51		88
	15		52		89
	16		53		90
	17		54		91
	18		55		92
	19		56		93
	20		57		94
	21		58		95
	22		59		96
	23		60		97
	24		61		98
	25		62		99
	26		63		100
	27		64		101
	28		65		102
	29		66		103
	30		67		104
	31		68		105
	32		69		106
	33		70		107
	34		71		108
	35		72		109
	36		73		110
	37		74		111

Notes

Technicals

Date ______ Time ______ Location ______

Home Team ______ Coach ______

1st Half Fouls: | | | | | | | | | | |

Full Timeouts: | | | |

2nd Half Fouls: | | | | | | | | | | |

30 Sec. Timeouts: | | |

No.	Name	Fouls					1st	2nd	3rd	4th	OT	Tot
Totals												

	1		38		75
	2		39		76
	3		40		77
	4		41		78
	5		42		79
	6		43		80
	7		44		81
	8		45		82
	9		46		83
	10		47		84
	11		48		85
	12		49		86
	13		50		87
	14		51		88
	15		52		89
	16		53		90
	17		54		91
	18		55		92
	19		56		93
	20		57		94
	21		58		95
	22		59		96
	23		60		97
	24		61		98
	25		62		99
	26		63		100
	27		64		101
	28		65		102
	29		66		103
	30		67		104
	31		68		105
	32		69		106
	33		70		107
	34		71		108
	35		72		109
	36		73		110
	37		74		111

Notes

Technicals

Referee Scorer Timekeeper

Away Team Coach

1st Half Fouls: | | | | | | | | | |

Full Timeouts: | | |

2nd Half Fouls: | | | | | | | | | |

30 Sec. Timeouts: | | |

No.	Name	Fouls	1st	2nd	3rd	4th	OT	Tot
Totals								

	1		38		75
	2		39		76
	3		40		77
	4		41		78
	5		42		79
	6		43		80
	7		44		81
	8		45		82
	9		46		83
	10		47		84
	11		48		85
	12		49		86
	13		50		87
	14		51		88
	15		52		89
	16		53		90
	17		54		91
	18		55		92
	19		56		93
	20		57		94
	21		58		95
	22		59		96
	23		60		97
	24		61		98
	25		62		99
	26		63		100
	27		64		101
	28		65		102
	29		66		103
	30		67		104
	31		68		105
	32		69		106
	33		70		107
	34		71		108
	35		72		109
	36		73		110
	37		74		111

Notes

Technicals

Made in the USA
Columbia, SC
09 December 2023

28162630R00057

Made in the USA
Columbia, SC
09 December 2023

28162630R00057